▌한빛 아카데미
▌(사단법인)

청소년들의 교육과 돌봄, 다양한 교육 체험과 활동을 통한 건강한 교육 환경을 조성하고 바르게 성장 할 수 있도록 지도합니다. 한빛 아카데미(사)는 청소년들을 교육함에 있어 1)개인의 특성과 다양성 존중 2) 인격과 비전, 실력을 배양하는 교육 3) 공동체를 통한 교육 4) 맞벌이 가정의 자녀를 위한 방과 후 동아리 활동과 돌봄 교육 5) 사회부적응 청소년, 장애 청소년, 비장애 청소년과의 통합교육 구현 6) 다양한 청소년 문화 체험 활동과 수련활동을 합니다. 전화: 031)924-0694(대표)

▌한빛 크리스천
▌스쿨(HCS)

기독교 대안학교로써 기독교적 교육과 공교육, 사교육을 통합한 크리스천 학교입니다. 크리스천은 요람에서 무덤까지 하나님의 말씀과 세계관으로 교육받을 권리가 있고, 교육시킬 의무가 있습니다. "창조적 지성과 뜨거운 가슴으로 세상을 변혁하는 리더를 양성"하는 목표를 가지고 있습니다.

HCS는 1) 성경, 성경적 세계관에 기초한 교육 2) 학부모, 교사, 학생이 하나 되어 펼쳐가는 성경적 학교 운영체제 3) 학생의 달란트 개발과 수준별 맞춤형 교육과 창의 융합형 교육을 통한 미래 일군 양성 4) 교육 과정 연계화를 통한 탁월한 진로지도 5) 신앙과 실력을 가진 우수한 교사진들이 준비되어 있습니다.

홈페이지: www.hcs21.co.kr 전화: 031)924-0694(대표)

▌한빛 크리스천
▌아카데미(출판사)

하나님의 말씀인 성경과 신학, 성경적 세계관을 통해 역동적인 크리스천의 신앙과 삶을 살고 역동적인 교회를 이루고, 지역과 민족, 세계 복음화와 세상의 변혁을 실천하는 목표로 설립되었습니다. 전화: 031)924-0694(대표)

▌해길 사역연구원

목회자 지망생과 교회 사역을 하는 목회자들에게 성경적인 신학과 성경적인 설교, 성경적인 교회 개척과 설립, 운영을 위한 구체적이고 실질적인 방법과 실제를 지도하고 교육합니다. 홈페이지: www.haegil.co.kr 전화: 02) 6448-1156

아담, 모세 마침내 그리스도

배종열

한빛크리스천아카데미
HANVIT CHRISTIAN ACADEMY

머 리 말

　종교개혁자들이 절대적 권위를 두고 절대적 기준으로 삼은 것은 성경이
다. "성경으로만"(Sola Scriptura)이라는 구호는 성경만을 본다는 뜻이 아니라
성경만을 신앙의 유일한 근거로 여긴다는 뜻이다. 하지만 이런 신앙을 갖더
라도 해석자에 따라 성경 해석은 얼마든지 달라질 수 있다. 성경 해석에 가장
큰 영향을 끼치는 것은 성경이 어떤 책인가 하는 성경관에 달려있기 때문이
다.

　어떤 이의 주장처럼, 성경은 정경(正經)적 관점에서 구약성경과 신약성경으
로 나눌 수 있지만, 언약(言約)적 관점에서 옛 언약과 새 언약으로도 나눌 수
있다. 신약성경은 새 언약뿐만 아니라 옛 언약과 관련된 사건이나 설명을 포
함하고 있기 때문이다. 세례 요한이 그 예이다. 그는 옛 언약에 속한 자이
지만, 예수님을 예언하고 소개하는 역할을 하고 있다. 그는 큰 선지자였지만 옛
언약에 속한 자이다. 옛 언약과 새 언약은 비슷한 점도 있고 다른 점도 있으
니, 두 언약 간의 유사점과 차이점, 비교와 대조, 혹은 연속성과 불연속성을
알면 성경의 본질에 더 다가갈 수 있다. 이 책은 바로 이것에 대한 설명이다.

　부록에는 구약성경 목차순서와 신약성경의 목차순서에 대한 글이 있다.

구약성경의 목차순서에서는 개신교와 히브리어 성경의 다른 점을 보여주려 한다. 또한, 신약성경의 목차 순서에서는 그 목차의 배열의 기본 원리를 찾으려 한다. 이 두 글을 통해서 목차순서에 어떤 신학적인 의미가 있는지를 확인하는 기회가 될 것이다.

 이 책의 원고를 읽어준 유상신 교수님, 출판을 기꺼이 허락한 임정대 목사님(한빛교회 담임, 한빛 크리스천스쿨 교장, 한빛 크리스천 아카데미), 동고동락하는 해길사역연구원의 사람들, 항상 기도와 격려를 아끼지 않는 가족에게 감사드린다. 주님께서 영광받으시길 간절히 바란다.

목차

서론

성경은 하나님의 말씀이다. 이 명제는 성경의 본질에 대하여 두 가지 질문을 함의하고 있다. 하나는 성경의 권위요, 또 다른 하나는 성경의 관점이다. 성경은 어떤 권위가 있는가? 성경은 어떤 책인가?

첫째, 성경은 그리스도인에게 어떤 권위가 있는가? 과학자에게 가장 강력한 권위는 실험실의 자료이다. 실험실에서 연구한 자료는 과학적 주장을 증명하기 위한 최고의 근거인 셈이다. 그리스도인에게 신앙을 위한 절대적인 근거는 성경이다. 무슨 신학을 펼쳐 가더라도, 신앙생활을 점검하더라도 성경에서 그 근거를 찾아야 한다. 성경은 신앙에 절대적인 권위가 있다. 성경은 유일한 규범이다.

둘째, 성경은 어떤 관점에 서 있는가? 이것은 성경 해석의 방향성에 관한 질문이다. 몇 가지 잘못된 관점이 있다. (1) 성경은 도덕 교과서라는 견해이다. 성경을 도덕적인 관점에서 해석하면서 도덕적인 계명과 같이 보려는 견해이다. 물론 성경에는 도덕이 있으나 도덕이 전부라 할 수 없다. 이런 견해를 추구하면 성경을 끊임없이 요구하는 도덕적 계명의 책으로 받아들여서 결국 율법주의에 빠지게 된다. (2) 성경은 일상 지침서라는 견해이다. 성경 곳곳에는 우리의 삶을 풍요롭게 세워주고 안내하는 지침이 들어 있다는 것이다. 성경을 읽으면서 삶의 철학과 지혜들을 찾아낸다. 하지만 이런 견해는 현실주의에 함몰된다. (3) 성경은 종교 수련서라는 견해이다. 이런 견해에 따르면, 신앙은 육을 버리고 영을 추구하는 것이다. 기도도 이런 관점에서 진행

된다. 예배 역시 그러하다. 신앙생활을 어떤 영적인 단계에 이른 것으로 이해한다. 성경에는 신비적인 체험이 있고 훈련적인 교훈이 있는 것도 사실이나 이것이 성경의 특질을 나타내는 포괄적인 개념이라고 하기에는 부족하다. 이런 견해는 신비주의로 이끌리게 된다.

물론 성경은 이런 견해들을 포함하고 있다. 도덕과 일상과 종교의 탁월한 보고이다. 성경 연구자들은 새로운 의미와 방법을 끊임없이 발굴하여 제시할 수 있다. 그러나 성경에서 이런 견해들은 부분일 뿐이지 전부는 아니다. 이것이 성경의 본질/방향이라 할 수는 없다.

이러한 관점들에는 공통점이 있다. 첫째, 인간 자신에게 초점을 둔다. 인간의 도덕적인 성취나 일상의 지침이나 종교적인 체험을 신앙의 목표로 둔다. 이 외의 모든 것은, 심지어 하나님께서 하신 일마저도 수단이다. 마침내 하나님보다도 인간에 관한 일이 신앙의 초점이 되어 신앙의 방향을 상실할 수 있다.

둘째, 성경 자체에 있는 시대적인, 역사적인 차이를 진지하게 고려하지 않는다. 때로는 시대적 차이를 말하지만, 이 차이를 근본적인 문제로 인식하지 않는다. 구약과 신약을 넘나들면서도 두 언약의 연속성과 불연속성을 구분하지 않는다. 옛 언약의 복과 새 언약의 복 간의 차이를 무시함으로 신앙에 큰 혼란을 자초하게 된다. 옛 언약의 복을 새 언약의 백성에게 직접 적용하여 혼란을 일으킨다. 새 언약 복의 특징인 하늘과 영을 옛 언약 복의 특징인 땅과 육으로 대신하면 계시의 풍성함보다 오히려 계시의 혼돈이 발생한다.

그렇다면 성경의 관점은 무엇인가? 성경은 언약의 책이다. 인간 자체를 설명하기보다는 하나님과 우리의 관계를 언약으로 설명한다. 언약은 갱신이 되므로 옛 언약과 새 언약이 존재한다. 그렇다면 성경이 말하는 옛 언약과 새 언약의 기준이 무엇이며, 이 언약의 연속성과 불연속성은 무엇인가를 아는 것이 중요하다. 각 언약에서 하나님께서 자기 백성을 다루시는 경륜이 다르기 때문이다. 따라서 성경의 가장 큰 얼개인 옛 언약과 새 언약을 살펴보려고 한다.

제1장 성경의 시대 구분

우리 민족의 특징을 말하려면 역사를 시대적으로 구분하게 된다. 고대 시대, 삼국 시대, 고려 시대, 조선 시대, 대한민국 등이다. 고려 시대는 불교를 숭상해서 불교가 꽃길을 걸었다. 하지만 조선 시대는 불교를 억누르고, 유교를 숭상했으므로 불교는 가시밭길을 걷게 되고, 대신 유교가 꽃길을 걸었다. 조선에서 유교는 문화의 근간이 되었다. 고려를 알려면 불교를 알아야 하고, 조선을 보려면 유교를 보아야 한다.

성경의 중심은 예수 그리스도이시다(눅 24:27; 요 5:46). 그분은 십자가에 죽으셨다. 하지만 하나님께서 그리스도를 살리시고, 하나님 우편에 앉히시고, 만물을 그의 발 아래 복종하게 하셨다(엡 1:20, 22). 만물은 그리스도 안에서 통일되었다(엡 1:10). 이제 창조도 그리스도 중심의 해석이 가능해졌다. 구약에서는 "태초에 하나님이 천지를 창조하시니라"(창 1:1)라고 말하지만, 신약에서는 "만물이 다 그로 말미암고 그를 위하여 창조되었"(골 1:16)다고 말한다.

성경의 역사는 예수 그리스도를 중심으로 그리스도 이전과 그리스도 이후로 나뉜다. 그리스도의 전과 후는 연속성도 있지만 현격한 불연속성도 존재한다. 그 차이는 또 다른 시대가 아니라 질적으로 전혀 새로운 시대이다. 천지차이(天地差異)다.

전자는 "믿음이 오기 전까지"(갈 3:23) 시대이고, 후자는 "믿음이 온 후"(갈 3:25) 시대이다. 이 믿음은 "예수 그리스도의 믿음"(갈 3:22)이자 이것으로 말미암아 "그리스도 예수 안에서 하나님의 아들이 되는"(갈 3:26) 시대가 열린 사건이다. 이 믿음은 개인적인 결심이 아니라 역사적인 사건이다. 따라서 성경 역사는 그 믿음이 오기 전과 온 후로 구분한다.

전자는 "그때"(엡 2:12)로 불리고, 후자는 "이제"(롬 3:21; 엡 2:13; 3:5; 골 1:16; 히 9:26)로 불린다. "그때"는 율법과 선지자들이 증거한 때이다. "너희 눈은 봄으로 너희 귀는 들음으로 복이 있도다. 많은 선지자들과 의인이 너희 보는 것을 보고자 하여도 보지 못하였고 너희 듣는 것을 듣고자 하여도 듣지 못하였느니라"고 말씀하신 때이다(마 13:16-17). "이제"는 계시의 관점에서 최종적이고 결정적이고 성취된 계시가 나타난 때이다. 그리스도의 비밀 혹은 "영원부터 만물을 창조하신 하나님 속에 감추었던 비밀의 경륜"(엡 3:9)이 "그의 거룩한 사도들에게 성령으로 나타내신"(엡 3:5) 때이자, "만세와 만대로부터 감추었던" 비밀이 "성도들에게 나타난"(골 1:26) 때이다. "이제"는 구원의 역사에서 궁극적으로 완성된 때이다. "단번에 제물로 드려 죄를 없이 하시려고 세상 끝에 나타나신"(히 9:26) 때이자, "율법 외에 하나님의 한 의가 나타난"(롬 3:21) 때이다.

전자는 "옛적"(히 1:1)이고, 후자는 "말세"/종말이다. "옛적"은 "선지자들로 여러 부분과 여러 모양으로 우리 조상에게"(1:1) 하나님께서 말씀하신 때이다. 하지만 말세는 "아들로 우리에게 말씀하신"(1:2) 때이다. 말세는 두 가지로 나눌 수 있다. 첫째, 예수님의 초림부터 시작된 기간을 가리키는 "마지막 날들"(히 1:2; 행 2:17; 딤후 3:1; 벧후 3:3), "마지막 시간들"(벧전 1:20), 마지막 때(요일 2:18)이다. 후자를 "마지막 날들"이라고 하는 것은 배교나 타락 때문만은 아니다. 그것은 노아 홍수 이전에도 있었고, 소돔과 고모라에서도 있었다. 배교나 타락은 언제든지 나타나는 현상이다. 이 시대를 "마지막 날들/시간들/때"라고 하는 것은 하나님께서 아들인 예수님을 통하여 말씀하신 계시적 측면 때문이다(히 1:1b-2a). 예수님을 통해 나타난 계시는 가장 큰 계시이자 마지막 계시이다. 이 마지막 계시가 나타났으니 "마지막 날들/시간들/때"이다.

둘째, 예수님의 재림을 가리키는 "마지막 시간"(벧전 1:5)이다. "마지막 시간"은 우리 구원이 완성되는 날이면서 심판의 날이다. 그날은 우리가 부활하여 영원히 주님과 함께하는 영광스러운 날이다. 그날에 구원의 완성을 보게 될 것이다. 또한, 그날은 애통하며 탄식하는 절망의 날이다. 심판주가 심판하는 날이기 때문이다. 그날은 우주 종말의 날이다.

로마서 5장은 죄와 율법과 은혜를 기준으로 한 구분을 제시한다.

한 사람으로 말미암아 죄가 세상에 들어오고 죄로 말미암아 사망이 들어왔나니 (롬 5:12a)

죄가 율법 있기 전에도 세상에 있었으나(5:13a)

아담으로부터 모세까지 … 사망이 왕노릇하였나니(5:14)

하나님의 은혜와 또한 한 사람 예수 그리스도의 은혜로 말미암은 선물은 많은 사람에게 넘쳤느니라(5:15b)

여기에서는 아담과 모세와 그리스도를 언급하며 시기를 구분한다. 이를 좀 더 세분하면 다음과 같다.

- 창조 때 아담

- 에덴동산 후 아담부터 모세 전까지

- 모세부터 그리스도 전까지

- 그리스도 이후: 그리스도의 초림 이후와 그리스도의 재림

첫째는 창조 때 아담이 에덴동산에서 범죄 하기 이전 시기이다. 둘째는 아담이 범죄하여 에덴동산에서 추방된 후부터 모세 전까지의 시기이다. 셋째는 모세부터 그리스도 전까지 시기이고, 넷째는 그리스도 이후의 시기이다.

	창조 때 아담	아담에서 모세 전까지 (롬 5:14)	모세에서 그리스도 전까지	그리스도	
				초림 이후	재림
성경의 시대	*	믿음이 오기 전(갈 3:23)		믿음이 온 후(갈 3:25)	
		그때 (엡 2:12)		이제 (롬 3:21; 엡 2:13; 3:5; 골 1:26; 히 9:26; 마 13:16-17)	
		옛적(히 1:1)		말세	
				마지막 날들 (히 1:2; 행 2:17; 딤후 3:1; 벧후 3:3), 마지막 시간들 (벧전 1:20), 마지막 때(요일 2:18)	마지막 시간 (벧전 1:5)

이 시대 구분에 따라 몇 가지 관련 주제들을 살펴보려고 한다.

제2장 두 머리

성경은 첫 사람과 둘째/마지막 사람을 제시한다(고전 15:45, 47). 첫 사람 아담과 둘째/마지막 사람 예수 그리스도는 각 시대의 머리/대표/기원자이다 (롬 5:15, 17). 전자는 옛 시대의 머리이고, 후자는 새 시대의 머리이다.

첫째 아담은 흙으로 지음을 받았기에 땅에서(고전 15:47), 아래에서(요 8:23) 났다. 그러나 아담이 하나님께 불순종함으로(롬 5:19) 말미암아 하나님 께 범죄하게 되었다. 선악을 알게 하는 나무의 실과를 먹은 것(창 3:6)은 단순한 문제가 아니라 반역이었다. 범죄 장소는 문제의 심각성을 보여준다. 에덴 동산은 사람들이 다양한 과일을 맛볼 수 있는 과수원이 아니라 하나님이 거하시는 곳이었다.[1] 그들은 하나님께서 죽음을 경고한 말씀을 바로 그곳에서 어겼던 것이다.

에덴동산과 성막은 유사점이 있다.[2] 첫째, 아바드와 샤마르라는 동사이다.

> 여호와 하나님이 그 사람을 이끌어 에덴동산에 두어 그것을 경작하며(아바드) 지키게(샤마르) 하셨다(창 2:15)

> 곧 회막의 모든 기구를 맡아 지키며(샤마르) 이스라엘 자손의 직무를 위하여 성막에서 시무할(아바드)지니(민 3:8)

아담이 에덴동산에서 그 동산을 경작하며 지키는 것처럼 레위인은 성막에서 기구를 지키며 시무한다. 둘째, 그룹 천사의 등장이다. 에덴동산에서 아담

---

1. 마이클 브라운 & 자크 킬, 『언약 신학으로의 초대』 조호영 옮김 (서울: 부흥과개혁사, 2016), 72.

2. 브라운 & 킬, 『언약 신학으로의 초대』, 89.

과 하와가 추방되면서 그룹 천사가 에덴동산을 지키게 되었다(창 3:24). 성전에서도 지성소의 휘장에 그룹 천사가 수로 놓아져 있으며(출 26:1), 속죄소 두 끝에 만들어진 날개를 펴서 덮고 있다(출 25:18-20). 셋째, 그 문이 동쪽에 놓여 있다는 점이다. 아담과 하와가 에덴의 동쪽으로 쫓겨났으며(창 3:24), 성막의 문이 동쪽을 향하고 있어서 성막에 들어가려는 자는 동쪽 문으로 들어간다(출 27:13-16). 에덴동산에서 금지된 과일을 먹는 것은 과수원에서 심심해서 간식을 먹는 것이 아니라 하나님께 불순종이요, 하나님께 대한 반역이다.

이 사건으로 "죄가 세상에 들어오고 죄로 말미암아 사망이 들어왔다"(롬 5:12). 지상의 모든 것은 만유인력이라는 법칙의 적용을 받듯이 모든 사람은 "죄와 사망의 법"(롬 8:2)에 갇히게 되었다. 이스라엘이 범죄하면 하나님은 이스라엘을 이방 나라에 넘기신다. 그러면 이방의 통치자는 이스라엘 나라에 들어와서 이스라엘을 통치하고, 이스라엘은 이방 나라의 종이 된다. 이와 같이 죄와 사망이 들어와서 사람들에게 왕노릇하였고, 사람들은 죄의 종이 되었다(롬 5:14, 17). 결국, 한 사람의 범죄로 말미암아 모든 사람이 정죄와 죽음이 이르게 되었다(롬 5:15, 18). 이런 점에서 아담은 옛 인류의 머리이다(롬 5:17).

이와는 반대로, 그리스도는 하늘에서(고전 15:47), 위에서(요 8:23) 나셨다. 아담이 땅의 사람이라면 그리스도는 하늘의 사람이다. 이제 그리스도의 의의 행동인 순종(롬 5:19)으로 말미암아 많은 사람이 의롭다 하심을 얻게 되었다(5:15, 18). 이런 점에서 그리스도는 새 인류의 머리이시다(롬 5:17; 고전 15:22).

그리스도 안에 있는 자들은 이제 생명의 성령이라는 법칙을 적용받게 되었다(롬 8:2). 그리스도께서 율법의 저주에서 속량하셨다(갈 3:13). 전에는 죄가 주인이었으나 이제는 죄에 대하여 죽었으니(롬 6:2) 죄가 주장하지 못하고(롬 6:14), 은혜가 왕노릇하여(롬 5:21) 순종의 종이요(롬 6:16-17), 의에게 종이 되었다(롬 6:18). 그들은 율법 아래 있지 아니하고 은혜 아래 있게 되었다(롬 6:14; 갈 3:25).

　아담의 범죄 이후 첫 창조는 그리스도의 구속 사건으로 말미암아 새 창조가 되었다(고후 5:17; 갈 6:15). 새 창조는 첫 창조가 있어서 가능한 것이다. 범죄한 이후 그리고 그리스도의 재림 전까지 모든 피조물은 썩어짐의 종노릇한다(롬 8:21). 이들이 바라는 것은 썩어짐에서 해방되는 것이다(롬 8:21). 또한, 그리스도인은 첫 열매인 성령을 받았어도(롬 8:23) 그리스도의 재림 전까지는 함께 탄식하면서 그리스도의 재림으로 완성될 몸의 구속을 기다리고 있다(롬 8:23).

	창조 때 아담	아담에서 모세 전까지 (롬 5:14)	모세에서 그리스도 전까지	그리스도	
				초림 이후	재림
머리	아담(고전 15:45, 47)			그리스도(고전 15:45, 47)	
출처	땅에서(고전 15:47), 아래에서(요 8:23)			하늘에서(고전 15:47) 위에서(요 8:23)	
사건	*	불순종(롬 5:19)		순종(롬 5:19)	
등장	*	죄가 세상에 들어옴 (롬 5:12)		믿음이 옴(갈 3:25)	
법	*	죄와 사망의 법(롬 8:2)		생명의 성령의 법(롬 8:2)	
죄	*	죄가 있었음(롬 5:13) = 죄가 사망 안에서 왕노릇 (롬 5:21) = 죄의 종(롬 6:16-17)		죄에 대하여 죽음(롬 6:2) = 죄가 주관치 못함(롬 6:14) = 은혜가 왕노릇(롬 5:21) = 순종의 종(롬 6:16-17) = 의에게 종(롬 6:18)	

사망	*	사망이 왕노릇 (롬 5:14; 고전 15:22)	예수 그리스도 말미암아 생명 안 에서 왕노릇(롬 5:17; 고전 15:22)
창조		첫 창조(창 1:1)	새 창조(고후 5:17; 갈 6:15)
	*	피조물이 썩어짐의 종노릇(롬 8:21)	해방(롬 8:21)
		* 우리가 성령의 첫 열매를 받음 (롬 8:23)	몸의 구속 (롬 8:23)

옛 인류의 머리가 범죄하여 죄가 세상에 들어왔다. 하나님께서는 자기 백성을 언약으로 구원하신다. 이제 언약에 대하여 살펴보자.

제3장 두 언약

하나님은 자기 백성을 구원하시기 위하여 언약을 맺으시고 시행하신다. 이 장에서는 언약의 분류, 언약의 갱신, 두 언약의 비교, 두 언약의 특징을 살펴본다.

1. 언약의 분류

언약은 크게 첫 언약/옛 언약과 둘째/새 언약으로 나누어진다(고후 3:14; 히 8:7, 13; 9:15).[3] 옛 언약은 구약의 모든 언약을 말하는 것이 아니라 모세를

---

3. 언약에 대한 지칭과 분류는 다양하다. 언약을 말할 때 일반적으로 세 가지로 나눈다. 창세 전 삼위 하나님의 협약을 구속 언약(the covenant of redemption)이라고 하고, 에덴동산의 선악과를 먹지 말라는 명령(창 2:17)을 행위 언약(the covenant of works)이라고 하고, 아담의 범죄 이후 죄 아래 상태에서 맺은 언약을 은혜 언약(the covenant of grace)이라고 일컫는다. 하지만 존 머레이(John Murray, 1898-1975)는 선악과에 대한 금지 명령은 언약과 다른 측면이 있으니 언약이라기보다는 아담에 대한 경륜이라고 한다(존 머레이, 『조직신학 II』 박문재 옮김 [서울: 크리스챤 다이제스트, 1991], 60-61).

웨스트민스터 신앙고백서 제7장 "하나님의 언약"에 따르면 첫째 언약을 행위 언약이라고 하고(2절), 둘째 언약을 은혜 언약이라고 부른다(3절). 그리고 5절에서는 은혜 언약을 율법 시대와 복음 시대로 나눈다. 하지만 히브리서에 따르면 첫째 언약은 모세 언약이고, 둘째 언약은 새 언약이다.

	첫째 언약	둘째 언약
웨스트민스터신앙고백서	행위 언약	은혜 언약(율법시대, 복음시대)
히브리서, 고린도후서	모세 언약	새 언약

이는 첫째 언약과 둘째 언약의 정의에 대한 기준이 다르기 때문이다. 웨스트민스터신앙고백서

통하여 세우신 언약이고,[4] 새 언약은 예수 그리스도를 통하여 세우신 언약이다. 옛 언약과 새 언약은 하나님께서 아브라함에게 약속하신 언약이 이루어진 두 단계의 언약이다.[5] 옛 언약은 아브라함 언약(창 17:1-8)이 성취된 이스라엘과 피로 맺은 언약이며(출 6:2-9; 24:1-8), 새 언약은 예수께서 이 모세 언약을 완성하셔서 제자들과 맺으신 언약이다(마 26:28; 막 14:24; 눅 22:20). 옛 언약은 율법으로 땅에서 이스라엘에게 주어지나, 새 언약은 그리스도를 통하여 하늘에서 새 이스라엘에게 주어졌다.[6] 따라서 히브리서는 모세 언약을 첫 언약으로, 그리스도의 언약을 새 언약으로 말하고 있다.

2. 언약의 갱신

아담의 범죄로 인하여 모든 사람이 죄 아래 있게 된 때에, 하나님은 언약을 통하여 구원역사를 진행하셨다. 여러 언약은("약속의 언약들", 엡 2:12) 꼬리에 꼬리를 물고 지속적으로 갱신되었다. 언약은 질적인 면에서 두 가지로 나눌 수 있다. 언약은 이전 언약과 비교해 거의 반복적으로 갱신되기도 하고, 이전 언약과 달리 새롭게 갱신되기도 했다. 예를 들면, 하나님께서 출애굽한 이스라엘과 맺으신 모세/시내산 언약(출 24:1-11)은 모압 땅에서 가나안에 들어갈 후대 이스라엘 백성에게 거의 반복적으로 갱신되었다(신 29:1). 그러나 아브라함 언약, 모세 언약, 다윗 언약은 각각 새롭게 갱신되었다. 반복적 갱신의 언약을 평지와 평지의(수평적) 연결에 비유한다면, 새로운 갱신의 언약은 평지와 언덕의(수직적) 연결로 설명할 수 있다. 예를 들어 아브라함 언약

는 언약의 역사적 발생순서를 기준으로 삼고, 히브리서는 구약에서 언약의 특성을 기준으로 삼은 것으로 보인다.

4. 존 머레이, 『조직신학 II』, 61; 게할더스 보스, 『성경신학』 이승구 역 (개정역: 서울: 기독교문서선교회, 2000), 46-47: 브라운 & 킬, 『언약 신학으로의 초대』, 93; 이병은, 『언약 연구의 새 지평』(서울: CLC, 2020), 60.

5. 브라운 & 킬, 『언약 신학으로의 초대』, 93.

6. 브라운 & 킬, 『언약 신학으로의 초대』, 93.

이 산어귀라면, 모세 언약은 산등성이이고 이후 그리스도를 통하여 세우신 새 언약(눅 22:20; 고전 11:25; 고후 3:6)은 산꼭대기이다. 아브라함 언약은 계획을 드러내고, 모세 언약은 아브라함 언약을 성취하였다(출 2:24). 다윗 언약은 모세 언약에서 기본적으로 약속된 것들이 구체적으로 성취된 상태에서 주어졌다. 다윗 언약은 모세 언약의 영향력 아래 있는 언약이다. 마침내 세운 새 언약은 옛 언약의 완성이다.

	아브라함		모세 언약(옛 언약)			새 언약
	시대	언약	모세언약	다윗		
				시대	언약	
비유	산어귀		산등성이			산꼭대기
발전	*	계획	성취			완성
			기본적 성취	구체적 성취	*	
기업	*	땅	가나안	가나안과 기타	*	하늘
씨	*	자손들	이스라엘	이스라엘	*	주의 교회
		자손	*	왕	다윗의 자손	그리스도
제사장	멜기세덱	*	제사장	멜기세덱의 서열을 따른 제사장	*	
나라	*	나라	제사장 나라	다윗의 나라	영원한 나라	하나님 나라

하나님께서 아브라함에게 땅을 주시겠다고 약속하셨다.

그날에 여호와께서 아브람과 더불어 언약을 세워 이르시되 내가 이 땅을 애굽 강에서부터 그 큰 강 유브라데까지 네 자손에게 주노니 곧 겐 족속과 그니스 족속과 갓몬 족속과 헷 족속과 브리스 족속과 르바 족속과 아모리 족속과 가나안 족속과 기르가스 족속과 여부스 족속의 땅이니라 하셨더라(창 15:18-21)

이 약속은 모세 언약에서 되풀이되고(출 23:31), 모세 언약에 속한 여호수

아는 하나님으로부터 다시 명령을 받고(수 1:3-4), 정복 전쟁을 통해 가나안 땅을 받게 된다(수 21:43-45). 다윗은 이것을 다시 상기시키고(대상 16:15-18), 정복 전쟁으로 주변국을 복속하며(삼하 8-10장), 솔로몬이 더 많은 영향력을 행사하게 되었다(왕상 4:21). 시편은 결국 아브라함의 언약이 성취되었음을 노래한다(시 105:8-11, 42). 그러면 새 언약의 백성들도 그 땅을 기업으로 차지해야 하는가? 새 언약 백성들에게 주어진 기업은 더 이상 가나안이 아니다. 이제 그들의 기업은 하늘에 있다(벧전 1:4).

아브라함의 자손/씨에는 개인 혹은 집단이라는 두 가지 의미가 있다.[7] 첫째, 아브라함의 자손은 집단으로는 이스라엘 백성 혹은 교회이다.

> 내가 네 자손이 땅의 티끌 같게 하리니(창 13:16)

> 그를 이끌고 밖으로 나가 이르시되 하늘을 우러러 뭇별을 셀 수 있나 보라 또 그에게 이르시되 네 자손이 이와 같으리라(창 15:5)

모세는 이 언약이 성취되었음을 강조한다. 그는 이스라엘 백성의 수를 "하늘의 별"(신 1:10; 10:22)로 말하면서, 이제 "크고 강하고 번성한 민족"(신 26:5)이 되었음을 설명한다. 새 언약에서 하나님의 백성은 주의 교회이다.

둘째, 아브라함의 자손은 개인으로는 다윗의 자손으로 이어진 그리스도이시다(갈 3:16; 마 1:1). 그리스도는 하나님에게 "내 사랑하시는 아들이요 내 기뻐하는 자"(마 3:17)이시다. 그들 통하여 진정으로 천하 만민이 복을 얻을 수 있다(창 22:18; 행 3:25).

모세 언약에서 제사장은 레위지파 가운데 세워졌다. 하지만 다윗 시대에는 레위지파가 아닌 멜기세덱의 서열을 따른 영원한 제사장이 있을 것이 예언된다(시 110:4). 멜기세덱은 아브라함 때 하나님의 제사장인 살렘 왕(창 14:18)이다. 당시 북쪽의 네 왕이 남쪽의 다섯 왕과 싸워서 이겨 소돔과 고모라의 사람과 재물을 빼앗아 가게 되었다(창 14:9-12). 아브라함이 롯을 구하

---

7. 필립 E. 휴즈, 『성경과 하나님의 경륜』 오광만 옮김 (서울: 여수룬, 1991), 81-83.

기 위해 엘람 왕 그돌라오멜과 그 동맹 왕들을 쳐부수고(창 14:16-17) 돌아올 때 환영하러 온 왕 중에 멜기세덱이 있었다. 아브라함은 멜기세덱의 축복을 받고 십일조를 주었다(창 14:18-20). 예수 그리스도는 레위지파를 따른 것이 아니라 멜기세덱의 서열을 따른 영원한 제사장이시다(시 110:4; 히 5:6, 10; 6:20).

이스라엘은 큰 민족을 이루고, 제사장 나라가 되었다(출 19:6). 모세 언약 시대에는 왕이 없었으나 후에 왕이 세워졌다. 이스라엘의 둘째 왕인 다윗은 모세 언약을 구체적으로 실현하였다. 다윗은 예루살렘에 왕궁을 세우고(삼하 5:6-12), 하나님의 언약궤를 다윗성으로 옮겼다(삼하 6:1-15). 그 후에 하나님은 다윗에게 그 나라가 영원할 것을 언약하셨다(삼하 7:4-17). 다윗의 나라는 하나님의 나라로 완성되었다. 예수님은 하나님 나라의 도래를 선포하셨다(마 4:17; 막 1:15). 그분이 십자가에서 죽으시자, 하나님은 그를 다시 살리셨고, 하늘로 올리셔서 하나님 우편에 앉게 하셨고, 그의 발아래 만물을 두셨다(엡 1:20-22). 다윗의 나라에서 그 왕은 예루살렘에서 다스렸지만, 하나님 나라에서 그 왕은 하나님 우편에서 통치하신다.

3. 두 언약의 비교

옛 언약과 새 언약은 세 가지 면에서 차이가 있다. 첫째, 옛 언약은 간격/구별/차별/차등/등급이 있지만 새 언약은 그렇지 않다.

	옛 언약	새 언약
시간	안식일, 절기, 평일	주 안에서 **시간**의 차등이 사라짐
공간	지성소, 성소, 성막, 예루살렘, 이스라엘, 이방 땅	주 안에서 **공간**의 차등이 사라짐
인간	대제사장, 제사장, 레위인, 이스라엘, 이방인	주 안에서 **사람**의 차별이 사라짐

옛 언약에서는 거룩한 시간이 안식일이지만, 새 언약에서는 모두가 같은 날이다(갈 4:10-11; 골 2:16-17). 옛 언약에서는 공간의 거룩이 지성소, 성소, 성막, 예루살렘, 이스라엘 땅, 이방 땅의 순서이지만, 새 언약에서는 주 안에서 어디든지 거룩하다. 옛 언약에서는 사람의 거룩이 대제사장, 제사장, 레위인, 이스라엘, 이방인 순이지만, 새 언약에서는 그리스도 안에서 하나(갈 3:28)이다. 옛 언약에는 등급이 있으나 새 언약에는 구별이 없어진다.

둘째, 옛 언약은 복잡하고 다양하지만, 새 언약은 단순하고 간단하다. 제사의 종류, 시기, 방법이 구약은 복잡하고 다양하지만, 신약은 매우 단순하고 간단하다. 그리스도의 단번에 영원한 제사만 있을 뿐이다(히 10:12-14). 계명 역시 구약은 매우 복잡하고 다양하나, 신약은 매우 단순하고 간단하다. 새 계명(요 13:34; 요일 2:7)/그리스도의 법(갈 6:2)/자유의 법(약 1:25; 2:12)이 있다. 또한, 복과 저주도 구약은 다양해서 여러 단계로 나누어져 있으나(레 26:3-46; 신 28장), 신약에서는 한 가지 기준만 있다. 저주를 받으면 그리스도에게서 끊어지게 된다(롬 9:3; 갈 5:4). 결국, 그리스도 안에 있으면 복이고, 그리스도 밖에 있으면 저주이다.

셋째, 옛 언약과 새 언약에서 같은 말을 쓰더라도 옛 언약을 완성한 새 언약에서는 완성된 의미로 달라지거나 수식어가 달라지기도 한다. (1) 종말론적으로 완성된 의미를 갖기도 한다. "하나님의 성전"이 옛 언약에서는 예루살렘 성전이지만, 새 언약에서는 그리스도의 몸/성도이다. "하나님의 백성"도 옛 언약에서는 이스라엘을 말하지만, 새 언약에서는 주의 교회를 지칭한다. (2) '하나님의/그리스도의'라는 속격으로 대체되거나, 속격이 추가된다. 다윗의 나라는 "하나님의 나라"(마 4:17; 막 1:15), "그리스도의 나라"(엡 5:5), 혹은 "예수 그리스도의 영원한 나라"(벧후 1:11)가 되고, "이스라엘"도 "하나님의 이스라엘"(6:16)이 되고, 율법은 "그리스도의 법"(갈 6:2)이 된다.

4. 두 언약의 특징

옛 언약은 "율법"(갈 3:17)이라 하고, 새 언약은 "복음"(롬 1:2-4)이라 한다. 율법은 이스라엘 백성에게 주어진 나라 언약이어서[8] 정치, 경제, 사회, 문화, 예술 등 국가의 모든 것을 다룬다. 율법과 복음은 근본적으로 구원 서정에 관한 것이 아니라 구속 역사에 관한 시대적 특징과 연관되어 있다.[9]

언약의 성격은 언약의 중보자로 말미암는다. 모세 언약의 중보자는 모세이다(요 1:17; 갈 3:19). 모세는 하나님의 집에서 종으로 일했다(히 3:5). 옛 언약 백성은 중보자인 모세를 따라서 종이다. 하지만 새 언약의 중보자는 그리스도이다(요 1:17; 딤전 2:5; 히 8:6; 9:15). 그리스도는 아들로서 일했다(히 3:6). 따라서 새 언약의 백성은 중보자인 그리스도를 따라서 하나님의 아들이다.

언약의 목적은 하나님이 하나님 되시고, 그의 백성은 그의 백성이 되는 것이다. "여호와께서 아브라함과 그의 후손의 하나님이 되실 것"(창 17:7-8)을 말씀하셨다. 또한 옛 언약에서 "너희를 내 백성으로 삼고 나는 너희의 하나님이 되리라"(출 6:7)고 하시고, "너희가 내 말을 잘 듣고 내 언약을 지키면 너희는 모든 민족 중에서 내 소유가 되겠고 너희가 내게 대하여 제사장 나라가 되며 거룩한 백성이 되리라"(출 19:5-6)고 말씀하셨다. 새 언약을 예언한 예레미야에서도 같은 말씀이 주어진다. "새 언약을 맺으리라… 나는 그들의 하나님이 되고 그들은 내 백성이 될 것이라"(렘 31:31-33). 이 새 언약에 대한 예언은 마침내 "그들은 하나님의 백성이 되고 하나님은 그들의 하나님이 되실 것임"(계 21:3)에서 확증된다. 언약의 목적은 하나님과 관계를 맺고 친밀한 교제를 이어가는 것이다.

언약에는 '의'가 있다. '의'는 언약적인 틀에서 언약적 믿음/신뢰/신실함을

---

8. 마이클 호튼, 『언약과 구원론: 그리스도와의 연합』 김찬영 정성국 옮김 (서울: CLC. 2020), 36.

9. 서철원, 『율법과 복음과의 관계』 (서울: 엠마오서적, 1987), 12.

기준으로 판단한다. '언약적 의'는 로마서 3:26에서 말하는 것처럼 양측 모두 보여야 한다.

> 제1 당사자: 하나님도 의롭다 하려 하심
> 제2 당사자: 예수의 믿음으로 말미암은 자도 의롭다 하려 하심

언약에서는 제1당사자인 하나님은 하나님으로서 역할을 하시고, 제2당사자인 그의 백성도 백성으로 역할을 해야 한다. 먼저, 하나님은 아브라함에게 자녀를 약속하고(창 15:4) 그 약속을 이루셨다(창 21:3). 하나님은 신실하셨다. 또한, 아브라함도 비록 신체적으로 출생이 불가능한 상태이지만 하나님께서 약속을 이루실 것을 믿었다(롬 4:19-21). 아브라함의 믿음이 의로 여겨졌다(창 15:6; 롬 4:5, 9, 22). 아브라함이 의롭다 하심을 받은 것은 후사를 주시겠다고 하신 하나님을 믿은 것이다.

옛 언약에서 '의'는 "율법의 의"(빌 3:6), 곧 "율법에서 난 것"(빌 3:9) 달리 번역하면 "율법으로 말미암는 의"이다(롬 10:5). 하나님은 언약에 신실하셔서 항상 하나님이 되어 주셨다. "그런즉 너는 알라 오직 네 하나님 여호와는 하나님이시요 신실하신 하나님이시라 그를 사랑하고 그의 계명을 지키는 자에게는 천 대까지 그의 언약을 이행하시며 인애를 베푸시되"(신 7:9). 심지어 이스라엘이 하나님께 불순종하여 포로로 잡혀갔을 때에도 하나님은 이스라엘을 포로에서 귀환하게 하셨다. 이것이 하나님의 신실하심이다. 또한, 이스라엘의 의도 다르지 않다. 언약에 신실한 것이다. "우리가 그 명령하신 대로 이 모든 명령을 우리 하나님 여호와 앞에서 삼가 지키면 그것이 곧 우리의 의로움이니라 할지니라"(신 6:25). 하지만 이스라엘은 하나님의 언약에 신실하지 않아서 언약을 배반하였다.

새 언약에서 하나님은 하나님의 의를 나타내셨다(롬 1:17; 3:25). 하나님의 의는 "율법 외에 하나님의 한 의"(롬 3:21)이다. 곧 "믿음으로 하나님께로부터 난 의"(빌 3:9)이자, "믿음으로 말미암는 의"(롬 10:6)이다. 이것은 바로 그

리스도 예수를 그의 피로써 "화목제물로 세우심"(롬 3:25)이다. 이것이 하나님의 의다. 이 하나님의 의는 우리에게도 미치게 된다. 이 하나님은 그리스도 예수를 믿는 우리를 의롭다고 하신다(갈 2:16). 이것은 예수 그리스도의 믿음으로 말미암아 모든 믿는 자에게 미치는 의이다(롬 3:22).

하지만 율법은 옛 언약에서는 의의 길이지만, 새 언약에서는 "배설물"(빌 3:8)로 간주한다. 바울은 "율법의 의로는 흠이 없었지만"(빌 3:6), 그리스도를 안 이후에 이것을 배설물로 생각하였다. 오히려 새 언약 시대에는 "율법 안에서 의롭다 함을 얻으려 하는 너희는 그리스도에게서 끊어지고 은혜에서 떨어진 자"(갈 5:4)가 된다.

의의 근거는 무엇인가? 옛 언약에서는 율법의 행위이고(롬 3:20, 38; 갈 2:16; 3:2, 8),[10] 새 언약에서는 예수의 믿음(롬 3:26)/그리스도의 믿음(갈 2:16b; 빌 3:9)/예수 그리스도의 믿음(롬 3:22; 갈 2:16a; 3:22)/그의 믿음(엡 3:12)이다. 이를 간략하게 하면, 전자는 행위의 법(롬 3:27)/행위(엡 2:9)이고, 후자는 믿음의 법(롬 3:27)/믿음(엡 2:9)이다.

예수 그리스도의 믿음은 무엇인가? 이 구문은 속격 구문이어서 문법적으로 여러 가지 가능한 의미가 있다.[11] 첫째, 그리스도를 믿는다는 대격적 속격

---

10. 바울이 율법의 행위를 반대하는 이유에 대한 주장을 굼타는 크게 세 가지로 분류한다(니제이 K. 굼타,『신약학강의 노트』이영욱 옮김, [서울: 감은사, 2020], 166-169). 첫째, 율법의 행위가 공로적인 행위를 의미하기 때문에 거부한다는 루터의 입장이다. 둘째, 율법의 행위가 유대인 배타성을 가리키기 때문에 수용하지 않는다는 바울에 관한 새 관점의 견해이다. 셋째, 율법의 행위는 죄에 대한 영구적인 해결책이 아니어서 무시되었다는 의견이다.

11. 속격 구문은 한 문장으로 풀어 쓰면 그 뜻이 분명해진다. 물론 여러 경우의 수가 나오는데 그중에서 가장 문맥과 어울리는 경우를 택하면 된다. "그리스도의 믿음"이라는 속격 구문은 전통적으로는 주격적 속격, 대격적 속격으로 다음과 같이 분류할 수 있다.
· 주격적 속격: 예수 그리스도께서 미쁘시다/신실하시다 → 예수 그리스도께서 신실하심
· 대격적 속격: (우리가) 예수 그리스도를 믿는다 → 예수 그리스도를 믿음

원어를 비원어적으로 풀면 한계가 있다. 한글은 한글로, 영어는 영어로, 헬라어는 헬라어로 풀어야 한다. 원어와 비원어는 문법적으로 상이하기 때문이다. "그리스도의 믿음"도 일반적으로 헬라어가 아닌 번역어(국어, 영어 등)의 문법으로 말하면 주격적 속격, 대격적 속격이지

이다. 대격적 속격은 하나님의 의를 얻는 수단으로써 우리의 믿음이다. 둘째, 그리스도께서 신실하시다는 주격적 속격이다. 주격적 속격은 하나님의 의를 얻는 근거로써 그리스도의 믿음이다.[12] 히브리서에서는 예수 그리스도를 "충성된 대제사장"(히 2:17, 여기에서 "충성된"은 "신실한"이라는 의미이다)으로 소개하고, "그리스도는 하나님의 집을 맡은 아들로서 그와 같이 하셨다"(히 3:6)고 말한다. "그와 같이 하셨다"는 것은 모세가 신실하였던 것처럼 (3:5) 그리스도께서 신실하셨다는 의미이다.

그리스도의 믿음은 예수 그리스도께서 신실하셔서 죽기까지 하나님의 뜻에 순종하신 구속 사건이다. 그의 흘리신 "피"(롬 3:25)요, "예수 그리스도 안에 있는 속량"(롬 3:24)이다. 그리스도의 믿음은 하나님께서 하나님의 의를 드러내는 사건이고(롬 3:21), 그의 백성이 하나님의 의를 얻는 근거이다.

> 그러므로 우리가 믿음으로 의롭다 하심을 받았으니(롬 5:1a)

> 그러면 이제 우리가 그의 피로 말미암아 의롭다 하심을 받았으니(롬 5:9a)

그리스도의 믿음/피에 근거하여(롬 5:1a, 9a) 우리가 의롭다 하심을 받게 된다.

옛 언약 백성은 율법의 행함으로 가나안에서 그 복을 누릴 수 있으나(레 26:3-13; 신 28:1-14), 이와는 반대로 저주받아 기업의 땅인 가나안을 누리지

만, 헬라어 문법으로는 주격적 속격, 여격적 속격이어야 한다. '믿는다'라는 동사는 여격을 취하기 때문이다. 여기서는 용어를 쉽게 설명하기 위해 비원어적 문법의 용법을 사용해 보자. "그리스도의 믿음"의 속격을 대격적 속격으로 하면, '그리스도를 믿는다' 곧 그리스도를 믿음이다. 이 믿음은 성도들의 믿음이다. 주격적 속격으로 하면, '그리스도께서 신실하시다' 곧 그리스도께서 신실하심이다. 이 믿음은 그리스도의 믿음이다. 이런 예는 로마서 3:3에서 찾을 수 있다. 이 구문의 속격을 하나님으로 바꾸면 "하나님의 믿음"인데 개역한글판에서는 "하나님의 미쁘심"으로 번역하고 있다(롬 3:3; 고전 1:9). 결국 문제는 그리스도의 믿음이라는 구문에서 주어가 누구인가이다. 그리스도의 믿음인가, 우리의 믿음인가? 문법적으로 둘 다 가능하다. 이것은 문맥으로 결정해야 할 문제이다.

12. 이 문제에 대하여는 최갑종, 『칭의란 무엇인가』(서울: 새물결플러스, 2016), 176-185; 니제이 굽타, 『바울과 믿음 언어』 송동민 옮김 (이레서원, 2021), 313-321을 보라.

못하고 결국은 추방될 수도 있다(레 26:14-39; 신 28:15-68). 그런 상황에서도 회개하면 하나님은 이스라엘을 가나안으로 다시 들어오게 하실 수도 있다(레 26:40-45; 신 30:1-6). 새 언약 이전의 욥, 아브라함, 이삭, 야곱 등은 거부였고, 요셉과 다니엘은 이방 땅에서도 최고위직까지 승진하였다. 그러나 새 언약의 백성들은 모두 부자일 필요가 없고, 바울은 로마 제국에 취직하여 황제 바로 밑까지 승진하는 길을 걷지 않았다. 언약의 기업이 달라지니 이에 따라 복의 기준이 달라진 셈이다.

새 언약 백성의 복은 그리스도 안에 있는 복을 누리는 것이다(엡 1:3, 7; 롬 8:1). 그리스도 안에서 구속을 누리면서, 주님이 다시 오시면 영원한 나라에 들어갈 것이다(마 7:21; 딤후 4:18; 벧후 1:11). 이와는 반대로 새 언약 시대의 저주는 그리스도 밖에 있는 것이고(엡 2:12), 그리스도에게서 끊어지는 것이다(롬 9:3). 특히 옛 언약을 고집하는 자는 그리스도에게서 끊어질 것이다(갈 5:4). 또한, "진리를 아는 지식을 받은 후 짐짓 죄를 범한즉 다시 속죄하는 제사가 없다"(히 10:26). 이것은 "하나님 아들을 밟고 자기를 거룩하게 한 언약의 피를 부정한 것으로 여기고 은혜의 성령을 욕되게 하는 자의 당연히 받을 형벌"(히 10:29)이다. 마침내 이들은 천국에 들어가지 못할 것이며(마 7:21), 하나님 나라를 기업으로 받지 못할 것이다(고전 6:9; 갈 5:21; 엡 5:5).

옛 언약은 종인 하갈에게, 새 언약은 자유자인 사라에게 각각 비유된다(갈 4:24). 이스마엘은 종인 하갈의 자녀이므로 상속을 이을 수 없는 자이다(4:30). 그는 아브라함과 함께 거할 수 없었다. 하지만 이삭은 자유자인 사라의 자녀이므로 상속을 이어갈 수 있다. 이것은 다시 몽학선생/초등교사와 관련하여 설명한다. 옛 언약 백성은 장자이지만(출 4:22) 초등교사 아래 있는 아들이어서 종과 다름이 없다(갈 3:23-24). 하지만 새 언약 백성은 초등교사에게서 벗어난 상속자 아들과 같다(갈 3:25-29). 전자가 받은 영은 종의 영이고(롬 8:15), 후자가 받은 영은 양자의 영이다(롬 8:15). 옛 언약의 백성은 이스라엘이고(대하 13:5; 행 3:25), 새 언약의 백성은 하나님의 이스라엘(갈

6:16)이다. 옛 언약 백성은 구약 교회이고(행 7:38; 히 2:12), 새 언약 백성은 신약 교회이다(고전 1:2). 구약 교회는 모세 율법이 집행되지만, 신약 교회는 그리스도 복음이 집행된다. 구약 교회는 땅에 속한 교회이지만, 신약 교회는 하늘에 속한 교회이다. 후자는 "그리스도 예수 안에서 함께 하늘에 앉"아 있기 때문이다(엡 2:6).

옛 언약 백성의 유업은 가나안이다(창 12:7; 행 13:19; 히 11:8). 가나안은 아브라함에게 약속하셨던 곳이고(창 12:7), 출애굽의 목적지이며(출 3:17), 12지파에게 분배되었던 기업이고(수 13:8 이하), 왕궁과 성전이 세워진 곳이었다. 하지만 새 언약 백성의 유업은 하늘에 있다(벧전 1:4). 그들은 하나님의 나라를 유업으로 받게 된다(cf. 고전 6:9; 갈 5:21; 엡 5:5). 그리스도인은 한편으로는 그리스도 안에서 이미 하늘에 앉아있으나(엡 2:6), 다른 한편으로는 이스라엘 백성이 가나안에 들어간 것처럼 장차 하나님/예수 그리스도의 나라에 들어갈 것이다(벧후 1:11).

옛 언약에 따라 이상을 실현한 왕국이 다윗의 나라(대하 13:5; 막 11:10; 눅 1:32)이다. 다윗의 왕국은 하나님이 세우신 왕이 다윗성에 보좌를 펴서 율법을 따라 이스라엘을 통치하는 나라이다. 다윗의 왕국에 와서 드디어 아브라함에게 약속했던 땅을 거의 모두 얻게 되었다(왕상 4:21). 하지만 이 나라는 후에 남과 북으로 갈리고, 마침내 타국에게 멸망 당하고, 포로로 잡혀가게 되었다. 그러나 다윗의 자손이신 예수님은 하나님의 나라를 선포한다(마 4:17; 막 1:15). 그리스도께서 십자가에서 죽으시고 부활하시고 승천하셔서(엡 1:20-22) 이제 성도들도 그리스도 안에서 하늘에 앉게 되었다(엡 2:6). 그리스도께서 하늘에서 하나님 보좌 우편에 왕좌를 펴시고 우주를 다스리신다. 그의 아들이 직접 통치하신다. 하나님 나라는 다윗의 나라를 온전히 성취한 영원한 나라이다.

	아담에서 모세 전까지 (롬 5:14)	모세에서 그리스도 전까지	그리스도	
			초림 이후	재림
명칭	*	첫 언약(히 8:7), 옛 언약(고후 3:14) = 율법(갈 3:17)	새 언약(고후 3:6; 히 8:13) = 복음(롬 1:2-4)	
중보 자	*	모세 (요 1:17; 갈 3:19)	예수 그리스도(요 1:17; 딤전 2:5; 히 8:6; 9:15)	
목적	여호와께서 아브라함과 그 후손 의 하나님이 되심 (창 17:7-8)	너희를 내 백성으로 삼 고 나는 너희의 하나님 이 되리라 (출 6:7), 너희가 내 말을 잘 듣고 내 언약을 지키면 너희 는 모든 민족 중에서 내 소유가 되겠고 너희가 내게 대하여 제사장 나 라가 되며 거룩한 백성 이 되리라(출 19:5-6)	새 언약을 맺으리라…나는 그들의 하나 님이 되고 그들은 내 백성이 될 것이라 (렘 31:31-33) 그들은 하나님의 백성이 되고 (계 21:3)	

	아담에서 모세 전까지 (롬 5:14)	모세에서 그리스도 전까지	그리스도	
			초림 이후	재림
의	아브람이 여호와를 믿으니 여호와께서 이를 그의 의로 여기시고 (창 15:6)	율법의 의 (빌 3:6, 신6:25) = 율법에서 난 의 / 율법으로 말미암은 의 (빌 3:9; 롬 10:5)	율법 외에 하나님의 의(롬 1:17; 3:21, 25) = 하나님에게서 난 의(빌 3:9) = 믿음에서 난 의/믿음으로 말미암은 의 (롬 9:30; 10:6) = 예수를 그의 피로써 믿음으로 말미암아 화목제물로 세우심(롬 3:25) 하나님이 의롭다 하려 하심(롬 3:26) 예수 믿는 자를 의롭다 하려 (롬 3:26) = 우리가 의롭다 하심을 받음(갈 2:16)	
			율법의 의는 배설물이 됨(빌 3:8) = 율법으로 의롭다 하심을 얻으려 하는 자는 그리스도에게서 끊어짐(갈 5:4)	
근거		율법의 행위 (롬 3:20, 38; 갈 2:16; 3:2, 8) 행위의 법 (롬 3:27) 행위(엡 2:9)	예수의 믿음(롬 3:26)/그리스도의 믿음(갈 2:16b; 빌 3:9)/예수 그리스도의 믿음(롬 3:22; 갈 2:16a; 3:22)/그의 믿음(엡 3:12) 믿음의 법(롬 3:27) 믿음(엡 2:8; 롬 5:1)	

	아담에서 모세 전까지 (롬 5:14)	모세에서 그리스도 전까지	그리스도	
			초림 이후	재림
복과 저주	*	가나안에서 복이 임함 (레 26:3-13; 신 28:1-14)	그리스도 안에서 복을 누림 (엡 1:3, 7; 롬 8:1)	
		저주가 있음 (레 26:14-45; 신 28:15-68)	그리스도 밖에 있음(엡 2:12), 그리스도에게서 끊어짐(갈 5:4; 롬 9:3), 진리를 아는 지식을 받은 후 짐짓 죄를 범함(히 10:26-29) 천국에 들어가지 못함(마 7:21) 하나님 나라를 기업으로 받지 못함(고전 6:9; 갈 5:21; 엡 5:5)	
가족 / 백성	*	하갈(갈 4:24)	사라(갈 4:24)	
		종 = 초등교사 아래 (갈 3:23-24)	아들 = 초등교사에서 벗어남 (갈 3:25-29)	
		종의 영(롬 8:15)	양자의 영(롬 8:15)	
		이스라엘(대하 13:5; 행 3:25)	하나님의 이스라엘(갈 6:16)	
		구약 교회(행 7:38; 히 2:12)	신약 교회(고전 1:2)	
유업	*	가나안(창 12:7; 행 13:19; 히 11:8)	하늘에 있음(엡 2:6; 벧전 1:4)	
나라	*	다윗의 나라 (대하 13:5; 막 11:10; 눅 1:32)	하나님의 나라(막 1:15)	

	아담에서 모세 전까지 (롬 5:14)	모세에서 그리스도 전까지	그리스도	
			초림 이후	재림
율법	율법이 없었음 (롬 5:13) = 율법은 더하여진 것(갈 3:19)	율법이 들어온 것은(롬 5:20), 율법은 약속하신 자손이 오시기까지만 한시적임(갈 3:19; 히 9:10)	전에 있던 계명은 연약하고 무익하므로 폐함(히 7:18; 8:13; 10:9) 그리스도께서 율법을 성취하심으로 폐하심(롬 10:4; 엡 2:13-15)	
	죄를 죄로 여기지 않음 (롬 5:13)	율법으로 죄를 깨달음 (롬 3:20), = 죄가 심히 죄로 드러남(롬 7:13)	*	
	*	이방인: 율법이 없음 (롬 2:14; 고전 9:21) 이스라엘: 율법이 있음 = 율법 아래 있음 (고전 9:20; 갈 3:19)	율법 아래 있지 않고 은혜 아래 있음(롬 6:14; 갈 3:25) = 율법의 저주에서 건지심 (갈 3:13)	

율법은 시작과 마침이 있기 때문에 한시적이다. 율법이 없던 때가 있었다 (롬 5:13). 모세 이전에는 율법이 존재하지 않다가 모세 때 주어졌다. 율법은 들어온 것이며(롬 5:20), "범법하므로 더하여진 것이다"(갈 3:19). 또한, 율법은 마칠 때가 있다. 그때는 "약속하신 자손이 오시기까지"(갈 3:19)이다. 다시 말하면 율법은 새 언약 전까지 한시적으로 존재했다(갈 3:19; 히 9:10). "전에 있던 계명은 연약하고 무익하므로 폐하였다"(히 7:18; 8:13; 10:9). 율법이 폐하게 된 것은 그리스도께서 옛 언약을 성취하셨기 때문이다(롬 10:4; 엡 2:13-15). 따라서 율법은 모세 언약 시대로 한정된다.

율법은 죄와 관련이 있다. 율법이 없을 때는 죄를 죄로 여기지 않았다(롬 5:13). 그러나 율법이 온 후에는 율법으로 죄를 깨닫게 되어(3:20), 죄가 심히 죄로 드러나게 되었다(7:13). 특히, 늘 반복적으로 드리는 제사를 인하여 죄를 깨닫게 되었다(히 10:2).

율법은 이방인에게는 없지만(롬 2:14; 고전 9:21), 이스라엘에게만 주어졌다. 따라서 이스라엘은 율법 아래 있게 되었다(고전 9:20; 갈 3:19). 율법은 율법 아래 있는 자들에게 말하는 것이 분명하지만, 그 심판의 대상은 이스라엘만이 아니라 "온 세상이다"(롬 3:19). 하지만 새 언약에서 그 백성은 더 이상 율법 아래 있지 않고 은혜 아래 있게 되었다(롬 6:14; 갈 3:25). 그들은 율법의 저주에서 건짐을 받았다(갈 3:13).

옛 언약과 새 언약, 두 언약을 살펴보았다. 이제 언약의 목표인 성막을 살펴볼 차례이다.

제4장 두 성소

언약은 하나님과 언약 백성의 사귐/동행/거함을 목표로 삼는다. 그 모습은 시대마다 다르게 나타난다. 모세 언약 전에는 주기적으로, 그리고 모세 언약 시대에는 지속적으로 임하셨으나, 새 언약 시대에는 영원히 거하신다.[13] 또한, 모세 언약 전에는 제단을(창 8:20; 12:8),[14] 그리고 모세 언약 시대에는 성막/성전을(출 25:8), 그리고 새 언약 시대에는 예수 그리스도를 통하여 하나님께서 임재하셨다.

옛 언약과 새 언약은 유형에서 차이를 보인다. 옛 언약은 모형(히 9:23; 10:1)인 반면에 새 언약은 원형(히 10:1)이다. 모형과 원형은 큰 차이가 있는데도 둘이 같다고 여기면 큰 오해를 불러일으킨다. 원형은 모형의 단순한 연장이 아니라, 모형의 실체이며 온전한 계시이다.

제사장에서도 차이가 난다. 옛 언약의 대제사장은 아론의 서열을 좇는 대제사장들이다(히 7:11). 이들은 약점이 있는 사람들이다(히 7:28). 하지만 새 언약의 대제사장은 멜기세덱의 서열을 좇는 대제사장, 예수 그리스도이시다(히 5:10; 6:20). 그는 영원히 온전케 되신 아들이다(히 7:28). 히브리서에서 온전케 되었다는 말은 도덕적인 차원이 아니라 직무적인 차원이다.

또한, 제물에서도 차이가 있다. 옛 언약의 제물은 짐승의 피이지만(히 9:12, 13), 새 언약의 제물은 그리스도의 피(롬 3:25; 히 9:12, 14)이다. 그리고 옛 언

---

13. R. C. 스프로울, 『철회할 수 없는 하나님의 은혜: 언약』 김태곤 옮김 (서울: 생명의말씀사, 2019), 149-150.

14. 하나님은 크고 화려한 바벨탑에 임하지 않으시고, 그것에 비하면 극히 작고 초라한 제단에 임하셨다.

약의 제사는 자주 같은 제사를 반복적으로 드린다(히 10:11). 이것은 죄를 없게 하지 못한다는 의미이다. 하지만, 새 언약의 제사는 단번에 영원한 제사이다(히 10:12-14). 이것은 우리를 온전하게 했다는 의미이다.

성소의 접근에서도 차이가 드러난다. 옛 언약에서는 자유롭게 접근할 수 있는 경계가 휘장 밖이요(레 16:1-2; 히 6:19), 성소까지이다. 지성소 출입이 대속죄일에 대제사장으로만 제한된 것은(히 9:7) 휘장이 여전히 닫혀 있기 때문이다. 하지만 그리스도께서 십자가에서 돌아가심으로 말미암아 휘장이 둘로 나누어졌다(마 27:51). 이로 인해 새 언약의 때에 나아갈 수 있는 곳은 휘장 안이요, 지성소까지이다(히 6:19). 이제 그리스도인은 그리스도 안에서 하늘에 앉았고(엡 2:6), 은혜의 보좌 앞에 담대히 나갈 수 있다(히 4:16).

옛 언약에는 휘장이 닫혀 있으니 지성소에 들어가는 길이 나타나지 않았으나(히 9:8), 새 언약에서 휘장이 열렸으니 그리스도께서 단번에 성소에 들어가셨다(히 9:12). 이제 그리스도께서 "우리를 위하여 휘장 가운데로 열어놓으신 새로운 살 길"(히 10:20)을 열어 놓으셨다.

옛 언약과 새 언약은 효과에서도 차이가 두드러진다. 옛 언약에서는 자주 같은 제사를 반복하여 드린다고 하더라도 죄를 없게 하지 못한다(히 10:11). 하지만 새 언약에서는 단번에 영원한 제사를 드셔서 영원한 속죄를 이루셨다(히 9:12). 이제 그리스도께서 다시 십자가에 돌아가실 일은 없다. 그리스도께서 십자가에서 돌아가신 사건은 단번에 영원한 제사이기 때문이다.

옛 언약에서는 부정한 자가 아니라 짐승의 피로 육체를 정결케 한 자이다(레 11-15장; 히 9:10, 13). 죄를 시인하는 자는 짐승을 제물로 가져와서 그 제물에 안수하고 그 제물을 잡는다. 그리고 제사장은 그 짐승의 피를 제단에 뿌린다. 이렇게 함으로 그의 죄는 사함을 받게 된다. 그러나 이 제사로는 양심을 온전케 할 수 없다(히 9:9). 새 언약에서는 그리스도의 피로 양심을 죽은 행실에서 깨끗하게 하신다(히 9:14; 고전 6:11; 고후 5:21). 영원히 온전케 하실 수 있다(히 10:14). 그리스도의 피만이 구원의 유일한 근거이다.

	아담에서 모세 전까지 (롬 5:14)	모세에서 그리스도 전까지	그리스도	
			초림 이후	재림
임재	주기적	지속적	영속적	
	제단	성막/성전	그리스도/그의 몸	
유형	*	모형(히 9:23; 10:1)	원형(히 10:1)	
제사장	*	아론의 서열을 좇는 대제사장(히 7:11)	멜기세덱의 서열을 좇는 대제사장(히 5:10; 6:20)	
		약점이 있는 사람들(히 7:28)	영원히 온전케 되신 아들(히 7:28)	
제물	*	염소와 송아지의 피(히 9:12, 13)	그리스도의 피(롬 3:25; 히 9:12, 14)	
		자주 같은 제사를 반복(히 10:11)	단번에 영원한 제사(히 10:12-14)	
접근	*	휘장 밖(레 16:1-2; 히 6:19)	휘장 안(히 6:19)	
		성소에 들어가는 길이 나타나지 않음(히 9:8)	단번에 성소에 들어가심(히 9:12) = 휘장 가운데로 열어놓으신 새로운 살 길(히 10:20)	
효과	*	죄를 없게 하지 못함(히 10:11)	영원한 속죄(히 9:12)	
		육체를 정결하게 함(레 11-15장; 히 9:10, 13), 양심을 온전하게 할 수 없음(히 9:9)	양심을 죽은 행실에서 깨끗하게 함(히 9:14; 고전 6:11; 고후 5:21)	
		온전하게 못함(히 7:11, 19; 9:9; 10:1), 흠이 있음(히 8:7)	영원히 온전케 하심(히 10:14)	

제4장 두 성소 **39**

결국, 율법은 "연약하고 무익하여서 아무것도 온전케 못 한다"(히 7:11, 18, 19; 9:9; 10:1). 옛 언약은 흠이 있어서(히 8:7) 폐하게 되었다(히 8:13; 10:9). 하지만 새 언약에서 그리스도께서는 "거룩하게 된 자들을 한 번의 제사로 영원히 온전하게 하신다"(히 10:14). 이 언약은 다시는 폐하지 않는 영원한 언약이다.

제5장 두 방식

육과 영의 대조는 로마서나 갈라디아서에 자주 등장한다. 이런 대조를 인간의 구성요소로 설명하려는 이들이 있다.[15] 인간은 영, 혼, 몸으로 구성된 것으로 본다. 영은 하나님과, 혼은 자신과, 몸은 세상과 각각 관련되어 있으며, 특히 혼은 영과 몸의 매개체라고 한다.[16] 영의 사람이 되기 위해서는 혼의 능력을 의지할 것이 아니라 영의 능력을 의지해야 하는데[17] 이를 위해서 혼을 깨서 영을 풀어야 한다는 점을 강조한다.[18] 그들에게는 이것이 신앙생활에서 매우 중요한 부분이 된다. 이런 관점에서 신앙생활은 바로 이러한 끊임없는 내적인 투쟁이다. 이런 설명은 심리적이거나 신비적인 측면으로 발전하게 된다.

물론 이 영과 육이 인간 구성요소/인격 전체를 가리키는 경우가 간혹 있지만, 근본적으로 시대를 가리키는 언약적 용어이다.[19] 영은 새 언약과 관련되어 있고, 육은 광의적 의미로는 아담 이후 죄 아래 있는 상태를 말하지만, 협의적 의미로는 옛 언약과 관련되어 있다. 옛 언약에 속해 있으면 육에 속한

---

15. 제시 펜 루이스, 『영과 혼』 김순임 옮김 (서울: CLC, 2012), 28; 워치만 니, 『영에 속한 사람』 한국복음서원 번역부 옮김 (서울: 한국복음서원, 2000), 30-38; 앤드류 위맥, 『영 혼 몸』 서승훈 옮김 (서울: 믿음의 말씀사, 2012), 43-46.

16. 니, 『영에 속한 사람』, 35, 36.

17. 니, 『영에 속한 사람』, 182.

18. Watchman Nee, *The Release of The Spirit* (Richmond: Christian Fellowship Publisher, 2000), 6; 위맥, 『영 혼 몸』, 24.

19. 헤르만 리델보스, 『바울신학』 박영희 옮김 (서울: 개혁주의신행협회, 1992), 81; 고든 피, 『바울, 성령, 그리고 하나님의 백성』 길성남 옮김 (서울: 좋은 씨앗, 2001), 182.

사람이고(롬 7:14; 8:8), 새 언약에 속해 있으면 영에 속한 사람이다(롬 8:9). 예수님은 니고데모에게 "육으로 난 것은 육이요, 영으로 난 것은 영"(요 3:6)이라고 하셨다. 새 언약의 백성은 물과 성령으로 거듭난 자들이다.[20] 여기의 물과 성령은 예레미야 36:25-27에서 예언한 새 언약의 특징이다.

또한, 옛 언약에 속한 자는 육신을 좇는 자이고(롬 8:4-5), 새 언약에 속한 자는 영을 좇는 자이다(롬 8:4-5). 육에 속해 있으니 육신을 좇고, 영에 속해 있으니 영을 좇는 것은 당연한 일이다. 다시, 전자는 육을 생각하는 자이고(롬 8:6), 후자는 영을 생각하는 자이다(롬 8:6). 육에 속해 있으니 육을 생각하고, 영에 속해 있으니 영을 생각하는 것 또한, 마땅한 일이다. 전자는 육체의 소욕을 따르는 자이고(갈 5:16), 후자는 성령의 소욕을 따르는 자이다(갈 5:17). 이것은 소속된 상태를 일컫는다. 물론 전자는 육신을 좇는 자이기에 실제로 육신을 좇아 살며, 후자는 영을 좇는 자이기에 실제로 영을 좇아 살게 된다. 전자는 육체의 소욕을 따르는 자이기에 육체의 소욕을 따라 살며, 후자는 성령의 소욕을 따르는 자이기에 성령의 소욕을 따라 산다. 전자는 땅의 지체를 따르게 되며, 후자는 위의 것, 하늘의 질서를 따르게 된다.

전자는 옛사람이라고 하고(롬 6:6; 엡 4:22; 골 3:9), 후자는 새사람이라고 한다(엡 2:15; 4:24; 골 3:10). 이것은 물론 도덕적인 삶이 함의되어 있지만, 도덕적인 삶을 말하려는 것이 아니라 구속사적인 면,[21] 즉 언약적인 상태를 언급하는 말이다. 옛 언약에 속하면 옛사람이고, 새 언약에 속하면 새사람이다. 옛사람은 옛사람이니까 옛사람으로 살고, 새사람은 새사람이니까 새사람으로 사는 것뿐이다.

믿음이라는 말은 행위/행함과 연관되어 쓰일 때 큰 혼란을 일으킬 수 있다. 이는 문맥을 고려하지 않은 것 때문이다. 땅의 반대말은 두 가지이다. 그것은 하늘일 수도 있고, 바다일 수도 있다. 그 결정은 문맥으로 한다. 땅이 하늘

---

20. D. A. 카슨, 『성경 해석의 오류』 박대영 옮김 (서울: 성서유니온선교회, 2002), 50.

21. 헤르만 리델보스, 『바울신학』, 76.

의 반대말로 쓰일 경우에는 땅의 반대말은 바다가 아니라 하늘이다. 하지만 땅이 바다의 반대말로 쓰일 경우에는 땅의 반대말은 하늘이 아니라 바다이다. 어떤 단어가 무엇을 지칭하는지는 문맥에 따라 드러난다.

믿음은 의와 관련하여 대체로 두 가지 경우가 있다. 의의 근거로써 믿음과 의의 수단으로써 믿음이다. 전자에서는 믿음과 행함이 상호 대립적이고, 후자에서는 상호 보충적이다. 상호 대립적 관계에서는 믿음과 행함이 병행할 수 없으니 믿음과 행함은 서로 배타적이다. 곧 믿음은 행함이 아니다. 하지만 상호 보충적 관계에서는 믿음과 행함이 병행할 수 있다. 그것은 '믿음 + 행함'이 아니라 행함으로 드러나는 믿음, 바로 그 믿음이 있을 뿐이다.

첫째, 의의 근거로써 믿음이다. <제3장 두 언약>에서 살펴본 것처럼 언약은 옛 언약과 새 언약으로 나뉘는데 전자의 한 가지 특징은 행위/행함, 곧 율법의 행위/행함이고, 후자의 한 가지 특징은 믿음, 곧 그리스도의 믿음이다. 옛 언약 시대에는 율법의 행위로 하나님을 섬겼으나, 새 언약 시대에는 율법의 행위가 아니라 예수 그리스도의 믿음으로 의롭다 하심을 받는다. 율법의 행위가 근본적으로 잘못되어서 반대하는 것이 아니라 새 언약 시대에 온전히 성취됨으로 폐지된 것뿐이다. 행함이 아니라 믿음이라고 할 때 행함은 도덕적인 선행과 관련되어 있는 것이 아니라 옛 언약과 연관된 말이다. 그러므로 새 언약의 믿음은 옛 언약의 행위와 배타적이다.

둘째, 의의 수단으로써 믿음이다. 옛 언약 백성이나 새 언약 백성이나 모두 믿음의 사람이다. 아벨부터 시작하여 에녹, 노아, 아브라함, 모세 등에서 볼 수 있다(히 11장). 아브라함은 믿음으로 가나안에 들어갔고, 믿음으로 자녀를 얻었고, 믿음으로 자녀를 바쳤다(히 11:8-12). 아브라함은 언약을 믿었기에 행동으로 옮기게 되었다. 하지만 이스라엘의 삶은 불순종의 연속이었고, 그 불순종은 믿음이 없기 때문이었다(히 3:19). 이스라엘이 가나안에 들어가지 못한 것도 믿음이 없었기 때문이다. 예수님 당시에 유대인들은 "모세를 믿었더라면 또 나를 믿었으리니"(요 5:46)라는 책망을 받았다. 믿음이 있는 이스라엘은 율법에 순종하여 살지만, 믿음이 없는 이스라엘은 그렇지 못하였다.

믿음은 무모함이 아니다. 추측이나 막연한 기대에 근거하여 무모하게 덤벼드는 것이 아니다. "일을 아니할지라도 경건하지 아니한 자를 의롭다 하시는 이를" 믿고(롬 4:5), "예수 우리 주를 죽은 자 가운데서 살리신 이를" 믿는다(롬 4:24). 또한, 이 믿음은 아무것도 하지 않고 가만히 있는 것이 아니다. 오히려 행함으로 보이는 믿음이다(약 2:18b). 귀신도 하나님이 계심을 믿지만(약 2:19), 이것을 믿음이라고 하지 않는다. 하지만 "우리 조상 아브라함이 그 아들 이삭을 제단에 바칠 때에 행함으로 의롭다 하심을"(약 2:21) 받았다. 행함이 없는 믿음은 죽은 믿음일 뿐이다(약 2:26). 행함은 믿음을 드러내는 시금석이다.

	아담에서 모세 전까지 (롬 5:14)	모세에서 그리스도 전까지	그리스도	
			초림 이후	재림
소속	*	육에 속함(롬 7:14; 8:8)	영에 속함(롬 8:9)	
	*	육신을 좇는 자 (롬 8:4-5)	영을 좇는 자(롬 8:4-5)	
	*	육의 생각(롬 8:6)	영의 생각(롬 8:6)	
	*	육체의 소욕(갈 5:16)	성령의 소욕(갈 5:17)	
	*	땅에 있는 지체(골 3:5)	위의 것(골 3:1)	
	*	옛사람(롬 6:6; 엡 4:22; 골 3:9)	새사람(엡 2:15; 엡 4:24; 골 3:10)	
믿음	행위/율법의 행위		믿음/그리스도의 믿음	
	행위/행함이 있는 믿음(약 2:21; 히 11)			

역사적 관점에서 보면, 새 언약의 특징인 믿음은 행함이 아니다. 행함은 옛 언약의 특징이기 때문이다. 그러나 속성적 관점에서는 믿음은 곧 행함이다. 행함이 없는 믿음은 죽은 믿음이기 때문이다.

결론

아담과 모세는 직무적인 면에서 그리스도와 비교될 수 있다.

	아담	모세	그리스도
머리	옛 시대의 머리	*	새 시대의 머리
중보자	*	옛 언약의 중보자	새 언약의 중보자

아담과 그리스도는 머리 곧 대표자이다. 아담이 옛 시대의 머리이고, 그리스도는 새 시대의 머리이시다. 아담의 범죄가 죽음을 불러들여 모든 이를 죽음으로 몰아넣었다면, 그리스도의 순종은 많은 이를 생명에 이르게 하셨다. 하지만 그 적용의 대상은 매우 다르다. 아담의 범죄로 인한 영향은 모든 사람이지만, 그리스도의 순종으로 인한 영향은 모든 사람이 아니라 예수 그리스도를 믿는 자이다.

모세와 그리스도는 중보자이다. 모세가 옛 언약의 중보자라면, 그리스도는 새 언약의 중보자이시다. 모세 언약은 죄 아래 시행된 언약이다. 옛 언약에서 짐승의 피로 반복적인 제사가 드려졌으나 죄를 근본적으로 해결할 수는 없었다. 하지만 새 언약에서 그리스도께서 죽으심으로 단번에 영원한 제사를 드렸다. 이제 죄를 근본적으로 해결하셨다. 새 언약에서는 그 백성은 더 이상 죄의 종이 아니라 의의 종이다.

성경의 역사를 요약하면 하나님의 경륜과 관련하여 세상에 들어온 것이 세 가지이다.

	아담	모세	그리스도
등장 / 왕노릇	죄	율법	믿음 / 은혜

첫째, 죄이다. 이 죄는 옛 시대의 머리인 아담이 범죄함으로 세상에 들어와서(롬 5:12), 사망 안에서 왕노릇하였다(롬 5:21). 아담 이후 모든 인간은 죄의 종이 되었다. 둘째, 율법이다. 율법은 옛 언약의 중보자인 모세를 통하여 들어왔다(롬 5:20). 율법은 매이고 갇히게 한다(갈 3:23). 모세 언약은 죄 아래 시행된 언약이다. 셋째, 은혜와 믿음이다. 믿음이 왔다(갈 3:25). 믿음은 새 언약의 중보자인 예수 그리스도의 믿음이다(갈 3:23-27). 이제 그리스도를 통하여 하나님의 의가 나타났다. 이것이 온전한 의이다. 또한, 은혜는 하나님/예수 그리스도의 은혜이고(롬 5:15), 이 은혜가 의로 말미암아 왕노릇한다(롬 5:21).

부록 1. 구약성경의 목록순서

구약성경은 히브리어 성경(MT), 헬라어로 번역한 70인역(LXX), 또 기독교의 구약성경이 있다. 기독교의 구약성경으로는 동방 교회나 서방 교회가 사용한 구약, 그리고 여러 사본이나 번역본 등이 있는데, 그 목록순서가 다양하다. 여기에서는 기독교의 구약성경을 현재 개신교의 구약성경으로 한정하여 히브리어 성경, 70인역, 구약성경을 중심으로 살펴려 한다. 이 세 종류도 시작은 모두 창세기이지만, 그 목록과 각 권의 순서가 서로 달라서 그 끝은 제각각이다. 히브리어 성경은 역대기, 70인역은 다니엘, 구약성경은 말라기로 각각 끝이 난다.

히브리어 성경은 율법서, 선지서, 성문서 등 세 가지로 분류되어 있다. 율법서는 모세오경이다. 선지서는 전선지서와 후선지서로 구분되어 있는데, 전선지서는 여호수아, 사사기, 사무엘, 열왕기이다. 후선지서는 이사야부터 말라기까지 선지서를 말한다. 마지막으로, 성문서가 있다. 성문서는 시편, 잠언, 욥기, 아가, 룻기, 애가, 전도서, 에스더, 다니엘, 느헤미야, 역대서이다. 히브리어 성경의 현재 3분류법은 적어도 주후 2세기 유대교의 일부에서 제시되었고, 그전에는 존재하지 않았던 점은 분명해 보인다.[22]

70인역의 분류법은 히브리어 성경의 분류법과는 다른 형태를 띠고 있다. 70인역에는 정경 외에도 군데군데 외경이 포함되어 있다.

히브리어 성경의 율법서는 70인역의 모세오경에, 히브리어 성경의 전선지서는 70인역의 역사서에, 히브리어 성경의 후선지서는 70인역의 선지서에 각각 해당한다. 히브리어 성경과 70인역의 순서가 대선지서에서는 같으나 선지서의 배열에서 차이가 있다. 히브리어 성경의 성문서는 70인역의 시가서, 역사서, 선지서로 분해되지만, 주류는 시가서이다. 히브리어 성경의 율법서와 70인역의 모세오경은 목차 순서가 같으나, 다른 책은 순서가 다름을 알

---

22. 리 마틴 맥도날드, 『성경의 형성: 교회의 정경이야기』 김주한 옮김 (서울: 솔로몬, 2015), 107-109.

수 있다.

히브리어 성경의 분류와 순서				70인역 분류와 순서	
율법서 선지서 성문서	율법서			모세오경	모세오경 역사서 시가서 선지서 　소선지서 　대선지서
	선지서	전선지서		역사서	
		후선지서	이사야 예레미야 에스겔	대선지서	
			12선지서	소선지서	
	성문서			시가서, 역사서, 선지서	

구약성경의 목차는 영역본 *Wycliffe's Bible*(위클리프 성경, 1382~1395)과 *The Great Bible*(대성경, 1539)에서 찾을 수 있다. 물론 이 두 성경은 외경까지 포함하고 있으나, 외경을 빼면 목차의 순서는 구약성경과 동일하다. *Wycliffe's Bible*은 구약성경의 목차와 같으나 군데군데 외경을 넣어 배열하였고, *The Great Bible*은 4부로 구성되어 있어서 제1부에는 모세오경, 제2부에는 여호수아부터 욥기까지, 제3부는 시편부터 말라기까지, 제4부는 외경을 각각 담고 있다. *Confessio Belgica*(벨기에/네델란드 신앙고백서, 1561)는 구약성경 39권이 제시되었다.

구약성경의 분류는 70인역의 분류를 따른다. 다만, 대선지서와 소선지서의 순서가 서로 바뀌어 있다. 70인역의 순서는 소선지서와 대선지서 순서이지만, 구약성경의 순서는 히브리어 성경과 같이 대선지서와 소선지서이다. 또한, 구약성경 모세오경, 역사서의 분류에서 각 권의 순서는 70인역의 순서와 같으나, 시가서의 분류에서 각 권의 순서는 구약성경과 70인역과 히브리어 성경은 모두 차이를 보인다. 구약성경 선지서의 분류와 각 권의 순서는 히브리어 성경의 분류와 각 권의 순서와 일치한다. 차이점은 히브리어 성경 성문서에 있는 애가와 다니엘이 구약성경에서는 대선지서에 분류되어 있다는 점이다.

분류	히브리어 성경	70인역	구약성경
	율법서 선지서 전선지서 후선지서 성문서	모세오경 역사서 시가서 선지서 소선지서 대선지서	모세오경 역사서 시가서 선지서 대선지서 소선지서

위의 분류에 따라 배열된 각 권의 순서는 다음과 같다.

히브리어 성경	70인역	구약성경
*율법서 창세기 출애굽기 레위기 민수기 신명기 *선지서 - 전선지서 여호수아 사사기 사무엘(사무엘상, 하) 열왕기(열왕기상, 하) - 후선지서 이사야 예레미야 에스겔	*모세오경 창세기 출애굽기 레위기 민수기 신명기 *역사서 여호수아 사사기 룻기 열왕기 1, 2(사무엘상, 하) 열왕기 3, 4(열왕기상. 하) 역대기 1, 2(역대상, 하) 에스드라 2(에스라-느헤미야) 에스더	*모세오경 창세기 출애굽기 레위기 민수기 신명기 *역사서 여호수아 사사기 룻기 사무엘상, 하 열왕기상, 하 역대상, 하 에스라 느헤미야 에스더

12선지서	*시가서	*시가서
호세아	시편	욥기
요엘	잠언	시편
아모스	전도서	잠언
오바댜	아가	전도서
요나	욥기	아가
미가	*선지서	*선지서
나훔	- 소선지서	- 대선지서
하박국	호세아	이사야
스바냐	아모스	예레미야
학개	미가	애가
스가랴	요엘	에스겔
말라기	오바댜	다니엘
*성문서	요나	- 소선지서
시편	나훔	호세아
욥기	하박국	요엘
잠언	스바냐	아모스
룻기	학개	오바댜
아가	스가랴	요나
전도서	말라기	미가
애가	- 대선지서	나훔
에스더	이사야	하박국
다니엘	예레미야	스바냐
에스라-느헤미야	애가	학개
역대기(역대상, 하)	에스겔	스가랴
	다니엘	말라기

위 표를 보면 구약성경의 배열은 히브리어 성경과 다름을 확연히 알 수 있다. 구약성경은 엘리야를 보내신다는 말라기로 끝이 나는데(말 4:5-6), 말라기의 엘리야는 복음서에서 세례 요한이다(마 11:14; 막 9:11-13; 눅 1:17). 이것으로 구약과 신약은 자연스런 흐름으로 이어진다.

히브리어 성경 목차가 더 오래된 원안으로 간주하여 구약성경 목차 배열은 히브리어 성경 목차 배열을 따라야 한다고 주장하는 것은 옳다고 할 수 없다. 오히려 개신교는 개신교의 전통 분류법을 따르는 것이 더 합당한 일이다.

부록 2. 신약성경의 목록순서[23]

신약성경의 목록순서는 고대교회와 중세교회를 거치는 동안 다양한 형태로 존재했다. 현재는 *The Great Bible*(대성경, 1539)과 *Confessio Belgica*(벨기에/네델란드 신앙고백서, 1561)에서 제시하는 순서를 따르고 있다. 신약 27권의 배열순서가 어떤 원리에 따라 되어있는지는 문헌의 기록으로는 알 수 없지만 현재 목록의 순서를 추론하면 다음과 같은 원리로 배열된 것으로 보인다.

(1) 장르별 분류: 27권을 장르별로 분류하고, 그 장르들을 그 내용상 시간의 전개를 기준으로 배열한다.

(2) 특징별 분류: 각 장르별 분류 안에서 특징별로 분류하여 분량으로 보아서 다선소후(多先小後, 분량이 많으면 앞에, 적으면 뒤에)의 기준으로 배열한다.

(3) 각 권: 특징별 분류 안에서는 위와 같은 다선소후를 기준으로 각 권을 배열하되 분량이 비슷할 때는 단선복후(單先複後, 단 권은 앞에, 여러 권[예, 전서와 후서, 일서와 이서와 삼서 등]은 뒤에)의 기준으로 배열한다.

첫째, 장르별 분류이다. 구약처럼 신약도 장르별로 묶어서 그 내용의 시간상 전개에 따라 배열한다. 신약의 장르는 복음서, 역사서, 서신서, 예언서 등으로 분류할 수 있다. 이 분류는 구약성경의 분류와 상응하는 모습을 보인다.

구약성경	신약성경
모세오경	복음서
역사서	역사서
시가서	서신서
선지서	예언서

---

23. 배종열. "신약성경 목록순서." 「성경과 신학」 80 (2016): 187-213을 요약하였음.

구약에 모세오경이 있다면 신약에는 복음서가 있고, 구약에 역사서가 있다면 신약에도 역사서가 있고, 구약에 시가서가 있다면 신약에는 서신서가 있고, 구약에 선지서가 있다면 신약에는 예언서가 있다. 신약의 장르별 배열인 복음서, 역사서, 서신서, 예언서의 순서는 내용을 시간상 전개에 따라 배열한 것이다. 먼저 그리스도께서 복음을 선포하시고(복음서), 그 사명을 받은 사도들이 복음을 선포하여 교회를 세우고(사도행전), 세워진 교회에 사도들이 편지하고(서신서), 예수 그리스도의 계시로(요한계시록) 끝을 맺는다.

둘째, 장르별 분류에서 특징적 분류다. 역사서와 계시록은 한 권씩이니 배열상 문제가 없으나 복음서와 서신서는 그 특성에 따라 세분한다. 분량이 많으면 앞에, 분량이 적으면 뒤에 둔다. 복음서는 공관복음(마태복음, 마가복음, 누가복음)과 기타 복음으로 나뉜다. 공관복음은 3권이고 기타 복음서인 요한복음은 1권이니 공관복음을 앞에 두고, 요한복음은 뒤에 둔다. 또한, 공관복음 가운데 개인에게 보내는 복음서(누가복음)는 1권이고 기타 복음서(마태복음, 마가복음) 2권이니 마태복음과 마가복음은 앞에, 누가복음은 뒤에 둔다.

서신서는 바울서신과 비바울서신으로 세분된다. 바울서신은 총 13권이고, 비바울서신 7권이니 바울서신은 앞에, 비바울서신은 뒤에 둔다. 바울서신은 교회에 보낸 편지 9권과 개인에게 보내는 편지 4권으로 나눌 수 있으니 교회에 보내는 편지는 앞에, 개인에게 보내는 편지는 뒤에 둔다. 교회에 보내는 편지는 바울의 주 서신(로마서, 고린도전서, 고린도후서, 갈라디아서) 4권이고, 옥중서신(에베소서, 빌립보서, 골로새서) 3권이고, 기타 서신(데살로니가전서, 데살로니가후서) 2권이다. 따라서 바울의 주 서신, 옥중서신, 기타 서신으로 나열된다. 마지막으로, 바울서신 가운데 개인에게 보내는 서신은 목회서신(디모데전서, 디모데후서, 디도서) 3권과 옥중서신(빌레몬서) 1권이니, 목회서신은 앞에 옥중서신은 뒤에 둔다.

셋째, 이제 각 권 배열이다. 각 권 배열의 원칙은 분량이 많으면 앞에 적으면 뒤에 두고, 분량이 비슷할 경우 단권은 앞에 여러 권(전서나 후서, 일서나 이서나 삼서 등)은 뒤에 둔다. 복음서 가운데 공관복음은 앞에 두고 요한복음은 뒤에 두었다. 공관복음 가운데 개인에게 보내는 누가복음은 뒤에, 기타 마태복음과 마가복음은 앞에 두었다. 이제 마태복음과 마가복음의 배열은 마태복음은 28장이고, 마가복음은 16장이니 마태복음은 앞에 마가복음은 뒤이다.

바울의 주 서신에서 로마서는 16장, 고린도전서는 16장, 고린도후서는 13장, 갈라디아서는 6장이다. 로마서와 고린도전서는 분량이 비슷하니(정확히 말하면 로마서가 조금 길다) 이런 경우 단권인 로마서는 앞에 두고 여러 권인 고린도전서와 고린도후서는 뒤에 둔다. 따라서 주 서신의 배열은 로마서, 고린도전서, 고린도후서, 갈라디아서이다. 바울의 옥중서신에서 에베소서는 6장, 빌립보서 4장, 골로새서 4장이다. 빌립보서가 골로새서보다 분량이 더 많다. 따라서 옥중서신의 배열은 에베소서, 빌립보서, 골로새서이다. 바울의 목회서신에서 디모데전서는 6장이고, 디도서는 3장이다. 따라서 그 순서는 디모데전서, 디모데후서, 디도서이다. 그리고 옥중서신인 빌레몬서(1장)가 뒤따른다.

비바울서신 가운데 분량이 압도적으로 많은 서신서는 13장으로 된 히브리서이다. 야고보서는 5장, 베드로전서는 5장, 요한일서는 5장이다. 이 경우 단권에서 여러 권으로 배열하니 그 순서는 단권인 야고보서, 두 권인 베드로전서와 베드로후서, 세 권인 요한일서와 요한이서와 요한삼서이다. 그리고 1장인 유다서가 끝에 배열된다.

> ***복음서**
> **-공관복음**
> 공적인 곳에 보내는 복음: 마태복음, 마가복음
> 개인에게 보내는 복음: 누가복음

- **요한복음**

* **역사서**: 사도행전

* **서신서**

  바울서신

  교회에 보내는 서신

  - 주 서신: 로마서, 고린도전서, 고린도후서, 갈라디아서

  - 옥중서신: 에베소서, 빌립보서, 골로새서

  - 기타 서신: 데살로니가전서, 데살로니가후서

  개인에게 보내는 서신

  - 목회서신: 디모데전서, 디모데후서, 디도서

  - 옥중서신: 빌레몬서

  비바울서신: 히브리서, 야고보서, 베드로전서, 베드로후서, 요한일
  서, 요한이서, 요한삼서, 유다서

* **계시록**: 요한계시록

신약성경의 배열은 분류된 장르의 내용을 보고 시간상 전개와 분량에 따른다. 신약성경 분류에 대하여 과도하게 신학적인 의미를 부여하지 말아야 할 것이다.

참고문헌

굽타, 니제이 K. 『신약학강의 노트』 이영욱 옮김. 서울: 감은사, 2020.

------. 『바울과 믿음 언어』 송동민 옮김. 서울: 이레서원, 2021.

니, 워치만. 『영에 속한 사람』 한국복음서원 번역부 옮김. 서울: 한국복음
서원, 2000.

루이스, 제시 펜. 『영과 혼』 김순임 옮김. 서울: CLC, 2012.

리델보스, 헤르만. 『바울신학』 박영희 역. 서울: 개혁주의신행협회, 1992.

맥도날드, 리 마틴. 『성경의 형성: 교회의 정경이야기』 김주한 옮김. 서
울: 솔로몬, 2015.

머레이, 존. 『조직신학 II』 박문재 옮김. 서울: 크리스챤 다이제스트,
1991.

배종열. "신약성경 목록순서." 「성경과 신학」 80 (2016): 187-213.

보스, 게할더스. 『성경신학 』 이승구 역. 개정역; 서울: 기독교문서선교
회, 2000.

브라운, 마이클 & 킬, 자크. 『언약 신학으로의 초대』 조호영 옮김. 서울:
부흥과개혁사, 2016.

서철원. 『율법과 복음과의 관계』. 서울: 엠마오서적, 1987.

스프로울, R. C. 『철회할 수 없는 하나님의 은혜: 언약』 김태곤 옮김. 서울: 생명의말씀사, 2019.

워맥, 앤드류. 『영 혼 몸』 서승훈 옮김. 서울: 믿음의 말씀사, 2012.

이병은. 『언약 연구의 새 지평』. 서울: CLC, 2020.

최갑종. 『칭의란 무엇인가』. 서울: 새물결플러스, 2016

카슨, D. A. 『성경 해석의 오류』 박대영 옮김. 서울: 성서유니온선교회, 2002.

피, 고든. 『바울, 성령, 그리고 하나님의 백성』 길성남 옮김. 서울: 좋은 씨앗, 2001.

호튼, 마이클. 『언약과 구원론: 그리스도와의 연합』 김찬영 정성국 옮김. 서울: CLC, 2020.

휴즈, 필립 E. 『성경과 하나님의 경륜』 오광만 옮김. 서울: 여수룬, 1991.

Nee, Watchman. *The Release of The Spirit.* Richmond: Christian Fellowship Publisher, 2000.

아담, 모세 마침내 그리스도

초판 발행 2023년 10월 30일

지은이 배종열
발행인 임정대
발행처 한빛 크리스천 아카데미

편집 최보경, 김수경
디자인 김정은
제작처 북토리 BOOKTORY

출판등록 2023년 02월 24일 제2023-000048호
주소 경기도 고양시 일산서구 중앙로 1576 (대화동) 태진빌딩 7층
전자우편 hanvitworld21@naver.com
전화 031-924-0694

copyright ⓒ 한빛크리스천아카데미, 2023, Printed in Korea
ISBN 979-11-985130-1-4 93230
값 8,000원